GRÜBELN STOPPEN

Wie Du negative Gedanken & zwanghaftes Grübeln stoppen und wieder zur inneren Ruhe finden kannst!

von Frauke Hartmann

1. Auflage

ISBN: 9781094791425

Inhaltsverzeichnis

Einleitung

Die Gedanken kreisen die ganze Zeit, ohne dabei irgendwann einmal zu stoppen. Im Vordergrund steht ganz klar das Problem und die Lösung wird in der Regel gar nicht erst gesucht. Diese schädlichen, sich immer im Kreis bewegenden Denkweisen sind auch als Grübeln bekannt. Über etwas zu grübeln oder die Zeit mit Grübeln zu verschwenden ist alles andere als empfehlenswert. Leider ist es gar nicht so einfach, diese Gedanken abzustellen und sich hin zu einer gesunden Denkweise hin zu entwickeln.

Grübeln kann Teil von psychischen Krankheiten wie zum Beispiel von Depressionen und Angststörungen sein. Doch so weit muss es gar nicht kommen: Selbst in der Anfangszeit ist Grübeln schon schädlich und wenig hilfreich. Du kannst aber die negativen Gedanken stoppen und Dich hin zu einem zufriedeneren Leben entwickeln. Dafür brauchst Du vor allem die passende Herangehensweise. In diesem Buch erfährst Du, was mit Grübeln genau gemeint ist, welche Ursachen diese Denkweisen haben – und natürlich auch, was genau Du dagegen unternehmen kannst.

Mit dem Grübeln aufzuhören ist definitiv mit einer der Schlüssel zu einem glücklicheren Leben. Du wirst wieder mehr Energie haben, positiver an Probleme herangehen und Dich insgesamt glücklicher und zufriedener fühlen. Bisher wird oft unterschätzt, wie schädlich Grübeln wirklich ist und warum es so wichtig ist, mit diesem problemorientierten Denken aufzuhören.

Kleiner Tipp: Achtsamkeit ist ein sehr gutes Mittel gegen das Grübeln und gegen negative Gedanken und Wahrnehmungen. Du findest neben einigen sinnvollen Achtsamkeitsübungen auch praktische Tipps, die das Grübeln stoppen und Deine negativen Gedanken verstummen lassen.

Was ist Grübeln?

Eigentlich handelt es sich beim Grübeln nur um eine sehr intensive Form des Nachdenkens. Das Besondere oder das schwierige daran ist aber, dass keine Lösung gefunden wird. Die Gedanken kreisen sehr intensiv um ein bestimmtes Thema, ohne das irgendwann einmal die Lösung gefunden wird. Dabei kann es so weit kommen, dass die Betreffenden regelrecht an diesen Gedanken verzweifeln und keine Ruhe mehr finden.

Normalerweise fragen Menschen sich, wie sie mit einem bestimmten Problem umgehen und es lösen können. Beim Grübeln ist die vorherrschende Frage aber das „warum?". Denn die Betroffenen fragen sich, warum genau etwas passiert und warum sie auf diese Weise behandelt werden. Es handelt sich also nicht um eine Denkweise, die in irgendeiner Form zur Lösung eines Problems beiträgt. Oder auch nur versucht, eine Lösung zu finden.

Es handelt sich somit nicht um normales Nachdenken, welches nach einem Moment wieder abgestellt wird. Grübeln bedeutet, dass Du problemorientiert denkst. Lösungsorientiert zu denken würde schließlich bedeuten, dass Du einen Moment über das Problem nachdenkst und dann nach einer Lösung suchst. Genau so denken Betroffene beim Grübeln eben nicht, ganz im Gegenteil.

In einer endlosen Schleife zu denken führt dazu, dass ein Problem oder eine bestimmte Sache auf gewisse Weise verrückt machen kann. Die negativen Gedanken füllen beim Grübeln den Kopf und die Aufmerksamkeit völlig aus und laufen somit in einer Spirale weiter. Das Spezielle beim Grübeln ist auch, dass über Dinge nachgedacht wird, die keine Lösung beinhalten oder für die es schlicht keine Lösung gibt. Oder für die keine Lösung gefunden werden kann.

Es kann sich um große Probleme oder um kleine Dinge aus dem Alltag handeln. Wer grübelt, kann dies auch über eine Angelegenheit tun, die für andere völlig banal ist. Ein Beispiel wäre ein am Morgen nicht grüßender Kollege. Vielleicht hat er schlechte Laune oder Probleme. Jemand, der grübelt, fragt sich aber Dinge wie „Warum grüßt er mich heute nicht, was hat er gegen mich?“ - um nur ein mögliches Beispiel zu nennen.

Ganz typisch sind außerdem die kreisenden Gedanken rund um Situationen und um mögliche Alternativen, die in dieser Situation besser gewesen wären. Also eine Form von „was wäre wenn...“ - jedoch ganz klar in einer negativen Form. Häufig drehen sich die Gedanken auch um die Zukunft. Szenarien werden ausgemalt und Dinge erdacht, die so noch gar nicht feststehen. Mit dem Grübeln sind auch Ängste und Unsicherheiten verbunden.

Doch worüber Grübeln wir und was ist der Grund dafür? Denn die negativen Gedanken und das Kreisen um ein Thema betreffen nicht jeden Menschen. Vielmehr sind einige Menschen deutlich anfälliger für das Grübeln als andere. Auf die Ursachen vom Grübeln gehen wir später noch genauer ein, genau wie auf passende Techniken, die gegen das Grübeln helfen.

An dieser Stelle ist erst einmal zu überlegen, worüber gegrübelt wird und welche Themen dabei im Normalfall vorherrschen. Das macht es auch leichter zu verstehen, warum so viele Menschen grübeln und warum es so schwer ist, mit dieser unschönen Angewohnheit aufzuhören.

Diese Themen und Situationen sind oft Bestandteil vom Grübeln:

- Die Entscheidung in Bezug auf ein konkretes Problem?
- Wie denken die anderen über mich oder was denkt Person XY über mich?
- Schaffe ich diese Leistung oder werde ich scheitern?
- Werde ich an Krebs/ Alzheimer etc. erkranken?
- Die Reaktion in einer bestimmten Situation oder das Verhalten in einem Konflikt.

- Der Sinn des Lebens
- Ereignisse der Vergangenheit
- Mögliche Ereignisse in der nahen oder der fernen Zukunft
- Massive Geldprobleme, die nicht einfach so zu lösen sind

Du siehst an dieser Liste, dass es sich um ganz unterschiedliche Dinge handeln kann. Es ist somit von Person zu Person unterschiedlich, warum genau gegrübelt wird. Doch eine Lösung beinhaltet keines dieser Themen. Es wird nur über das Problem nachgedacht – so intensiv, dass der Körper richtig gestresst wird. Im wahrsten Sinne des Wortes. Vielen Menschen, die häufig Grübeln ist auch gar nicht bewusst, was genau sie ihrem Körper damit eigentlich antun. Denn Grübeln führt beim besten Willen nicht nur zu schlechter Laune und hält vom Einschlafen ab. Die schädlichen Effekte auf Körper und Geist reichen noch sehr viel weiter. Mehr darüber erfährst Du im nächsten Kapitel.

Warum Grübeln so schädlich ist

Grübeln bringt also eine Vielzahl von negativen Effekten mit sich. Es geht also gar nicht nur darum, dass die kreisenden Gedanken alles in das negative ziehen und traurig machen. Denn gedanklich Probleme zu wälzen und zu zerkauen, ohne das jemals Ergebnisse oder Lösungen zu finden sind, sorgt auch dafür, dass der Kopf für nichts anderes mehr frei ist. Das blockiert und sorgt für eine sehr starke innere Unruhe. Allerdings ist nicht direkt jeder Moment, der mit Grübeln verbracht wird, krankhaft. Denn einige Gedanken in einer problematischen Situation, bei Konflikten oder bei Trennungen sind sicher völlig normal. Schwierig wird es aber, wenn die Phase des Grübelns sehr lange anhält oder schon körperliche Begleiterscheinungen mit sich bringt.

Bei dem schädlichen und länger anhaltendem Grübeln kommt es eigentlich immer auch zu weiteren Effekten. Dabei handelt es sich um eine vollkommen normale Reaktion des Körpers, der durch das

Grübeln schlicht überfordert wird. Diese Effekte oder vielleicht eher Nebenwirkungen des Grübelns sind nicht angenehm und gehören sicherlich auch nicht in ein glückliches, ausgeglichenes Leben. Hier findest Du einige Folgen, die beim Grübeln auftreten und zeigen, warum die negativen Gedankenspiralen so schädlich sind:

1. Grübeln führt zu Schlafproblemen

Die kreisenden Gedanken treten gerade vor dem Einschlafen verstärkt auf. Das kann sich je nach Ausprägung über Stunden hinziehen und sorgt dann als logische Folge dafür, dass Schlafprobleme auftreten. Schlechter einzuschlafen und nachts aufzuwachen und mit den negativen Gedanken im Kopf wachzuliegen – genau das passiert beim Grübeln. Die starken Schlafprobleme führen dann zu einem noch schlechteren Gefühl und verstärken in vielen Fällen die Neigung zum Grübeln noch.

Viele Betroffene greifen dann zu Schlaftabletten oder zu anderen Mitteln, die beim Ein- und Durchschlafen helfen sollen. Das wiederum ist kein gesunder, natürlicher Schlaf und führt sehr schnell zu einer Abhängigkeit. Es ist darüber hinaus wichtig zu erkennen, dass Schlafstörungen zu ernsten gesundheitlichen Folgen führen können. Fehlender Schlaf geht auf den Körper, die Leistungsfähigkeit und nicht zuletzt auch auf die Psyche. Nach einiger Zeit sinkt nicht nur die Laune, es stellt sich auch eine gewisse Hilflosigkeit und Angst vor den Nächten ein.

2. Schränkt die Konzentration und die Leistungsfähigkeit ein

Wer immer grübelt und viele negative Gedanken im Kopf hat, kann sich nur schwer auf andere, ganz konkrete Dinge konzentrieren. Es dauert als Folge davon immer länger, bis bestimmte Arbeiten erledigt werden. Die gesamte Leistungsfähigkeit sinkt ab und genau das sorgt dann dafür, dass die negative Meinung über sich selbst noch zunimmt. Irgendwann kann es soweit kommen, dass normale Aufgaben fast gar nicht mehr zu erledigen sind, da die Gedanken ständig um (vermeintliche) Probleme kreisen.

3. Grübeln führt zu starker Anspannung und innerer Unruhe

Eine starke innere Unruhe und Rastlosigkeit gehören beim Grübeln einfach mit dazu. Es handelt sich somit um eine klassische Begleiterscheinung und es ist dann auch wirklich schwer, sich innerlich bei den stetig kreisenden Gedanken zu beruhigen. Die innere Ruhe dann wieder zu erlangen ist nur möglich, wenn wirklich deutlich etwas gegen das Grübeln unternommen wird. Die innere Anspannung geht dann mit der gefühlten Unruhe einher und kann sich auch ohne weiteres in körperlichen Symptomen äußern.

4. Schränkt die Produktivität ein

Die Leistungsfähigkeit und damit auch die Produktivität sind stark eingeschränkt. Am Ende eines Tages herrscht das Gefühl vor, nichts geschafft zu haben. Das wiederum führt dazu, dass die negativen Gedanken noch stärker auftreten. Mit dem Gefühl, dass nichts geschafft wird und man zu kaum etwas in der Lage ist, sinkt das Selbstbewusstsein dann noch weiter ab. Genau an diesem Punkt besteht in einer Art Spirale auch die große Gefahr, in eine richtige Depression abzurutschen.

5. Gefahr vom Griff zu Alkohol, Drogen oder Beruhigungsmitteln zur Beruhigung

Den Kopf und die Gedanken auszuschalten kann sehr schwierig sein. Die negativen Gedanken und damit verbundenen Gefühle sind schließlich sehr präsent und nicht einfach zu unterdrücken. Für einen Moment helfen Alkohol, Drogen und Beruhigungsmittel aber dabei, die nervigen Gedanken in den Hintergrund zu schieben. Oder eben dabei, sich zu betäuben. Solche negativen Gefühle sind ja auch in sehr vielen Fällen der Grund, warum eine Abhängigkeit so schnell auftritt und dann ein so großes Problem darstellt. Die Betäubung wird dann immer öfter eingesetzt und gezielt herbeigeführt, damit die Gedanken nicht wieder anfangen und zur Hilflosigkeit führen.

6. Gefühl der Hilflosigkeit

Nicht stoppende negative Gedanken und starke Schlafprobleme führen ganz schnell zu einem Gefühl der Hilflosigkeit. Dabei haben die Betroffenen dann das Gefühl, dass sie selbst gar nichts an ihrem aktuellen Zustand ändern oder verbessern können. Ein starkes Gefühl der Hilflosigkeit sorgt dann auch dafür, dass sich eine gewisse Apathie einstellt.

Deshalb ist das Gefühl der Hilflosigkeit der Moment, in dem dringend etwas zur Verbesserung unternommen werden sollte. Sonst nimmt dieses Gefühl sehr schnell überhand und die Hilflosigkeit wandelt sich zu einer richtigen Ohnmacht gegenüber allen Dingen im Leben. Es ist dann nicht mehr so einfach, da wieder herauszukommen und sich von diesen sehr negativen Gefühlen zu distanzieren.

7. Geringes oder sehr stark geschwächtes Selbstwertgefühl

Wer immer negativ denkt und dann nicht mehr in der Lage ist, die Dinge im Alltag richtig anzugehen, schwächt sein Selbstwertgefühl sehr stark. Das Gefühl, nichts zu schaffen, zu schwach zu sein oder immer alles falsch zu machen, kann sehr stark sein. Mit der Zeit sinkt das Selbstbild immer weiter ab und spätestens dann kann es auch passieren, dass die Betroffenen Selbstverletzungen oder sogar Suizid in Betracht ziehen.

Ein so negatives Selbstbild und die ständigen negativen Gedanken sind dann fast schon eine Garantie dafür, dass im Leben schlechte Dinge passieren. Darüber hinaus strahlen die Betroffenen auch ganz deutlich aus, dass sie ein schlechtes Selbstbewusstsein haben und nicht an sich selbst glauben. Das Selbstwertgefühl entsteht zu einem ganz großen Teil im Inneren und starke Menschen lassen nicht zu, dass gelegentliche Kritik dieses schwächt.

8. Kann zu Angstzuständen führen

Hiermit ist vor allem die Angst zu versagen gemeint. Betroffene haben Angst, zu scheitern und die vorgenommenen Dinge oder Herausforderungen im Leben nicht zu bewältigen. Diese Angst kann sehr große Ausmaße annehmen und führt auch dazu, dass eine vollständige Lähmung eintritt. Im entscheidenden Moment ist dann die Angst vor Fehlern, vor möglicher Kritik oder vor dem vollständigen Scheitern regelrecht übermächtig.

Doch nicht nur die Erwartungen der anderen Menschen rufen Ängste hervor. Es sind auch die eigenen Erwartungen, die möglicherweise nicht erfüllt werden. Diese können ebenfalls viel Druck verursachen und dazu führen, dass irgendwann einfach gar nichts mehr gewagt wird. Es handelt sich um eine Abwärtsspirale, die ohne entsprechende Maßnahmen immer schlimmer wird. Die gute Nachricht an dieser Stelle ist: Es ist mit ein paar guten Tricks möglich, diese Spirale zu durchbrechen.

Eine generalisierte Angststörung hängt zum Beispiel auch mit dem Grübeln zusammen und kann die

Ursache dafür darstellen. Mehr darüber erfährst Du bei den Ursachen für das Grübeln.

9. Sorgt für den Verlust vom Appetit oder führt zu Problemen mit Magen und Darm

Probleme können auf den Magen schlagen und verderben den Appetit. Das gilt allerdings auch für Probleme, die vor allem im Kopf vorhanden sind und die ganze Zeit gewälzt werden. Stress schlägt ebenfalls auf den Magen und kann sogar zu Beschwerden mit dem Magen oder dem Darm führen. Am Ende bedeutet Grübeln sehr viel Stress für den Körper und sorgt dafür, dass der Körper genau wie auf klassischen Stress reagiert. Ein höherer Blutdruck ist dann neben dem Verlust vom Appetit ein ganz normales Anzeichen für den Stress.

10. Erschwert Entscheidungen in allen Bereichen des Lebens

Immer zu grübeln sorgt dafür, dass keine klaren Entscheidungen mehr getroffen werden. Dann fällt alles schwer und es herrscht die große Angst vor, die falschen Entscheidungen zu treffen. Spätestens dann beginnt vor jeder noch so kleinen Entscheidung das Grübeln von neuem. Daher ist es dann auch so wichtig, sich von solchen Gedanken zu distanzieren und die Entscheidungen einfach zu treffen. Das erfordert zwar Übung, ist aber durchaus umsetzbar.

Grübeln und Stress – eine gefährliche Kombination

Das Thema Stress ist mittlerweile ein so großes und wichtiges Thema im Leben, dass es an dieser Stelle einmal gesondert aufgeführt werden soll. Denn Stress führt zu zahlreichen Reaktionen des Körpers, die nicht unbedingt als gut zu bezeichnen sind. Es gibt positiven und negativen Stress für den Körper. Grübeln ist aber grundsätzlich negativer Stress für den Körper. Das Problem ist dabei, dass der Körper beim Grübeln ebenfalls Cortisol, ein Stresshormon ausschüttet. Cortisol stellt dabei aber nur eines von vielen Stresshormonen dar und ist wohl das bekannteste davon. Vor allem über einen langen

Zeitraum hinweg ist negativer Stress ganz klar schädlich für den Körper.

Stress ist ein ursprünglicher Zustand unseres Körpers und war für das Kämpfen oder die Flucht gedacht. Entsprechend steht der gesamte Körper unter Strom, der Blutdruck und die Herzfrequenz steigen stark an. Stelle dir Stress als eine Leistung des Körpers in Höchstform vor. Grundsätzlich schlecht ist diese Reaktion daher nicht, da Stress und die damit verbundenen körperlichen Symptome dabei helfen, mit der Belastung zurechtzukommen. Aber auf Dauer ist das extrem schädlich. Stelle dir einmal ein Auto vor, welches ständig am Tempolimit fährt. Zwischendurch muss es auch mal ausgeschaltet, gewartet oder in Ruhe gelassen werden. Ständig ist die hohe Leistung nicht zu erbringen.

Gleiches gilt für den Körper. Jeder Mensch zeigt andere Anzeichen und Symptome bei dauerhaftem Stress, die nicht als positiv zu bewerten sind. Grübeln versetzt den Körper also in einen Stresszustand – genau so, als wenn früher ein Angriff stattfinden würde! Dadurch zeigt sich auch gut, wie schädlich die kreisenden Gedanken wirklich sind.

Die Symptome decken sich zu einem guten Teil mit denen, die Du schon im Zusammenhang mit dem Grübeln näher betrachtet hast. Hier kommt nur eine kurze Aufzählung von einigen klassischen Stresssymptomen:

- Herz- und Kreislaufbeschwerden
- Ein erhöhter Blutdruck
- Schwindelgefühle
- Sodbrennen
- Muskelkrämpfe
- Magen- und Darmprobleme inklusive Reizmagen- und Darm
- Schmerzen im Rücken, Nacken oder Kopf
- Konzentrationsprobleme
- Reizbar
- Schlecht gelaunt und ständig unzufrieden
- Schlafstörungen

- Rückzug aus dem sozialen Leben
- Rastlosigkeit
- Neigung zu Alkohol, Drogen und zum Frustessen

Das Schlimme am Dauerstress ist, dass dieser den Körper und den Geist richtig auslaugt. Hast Du Dich schon einmal gefragt, warum immer mehr Menschen an einem Burnout oder an Depressionen erkranken? Genau aus dem Grund, dass das Stresslevel heutzutage im Alltag und vor allem im Beruf viel zu hoch ist. Durch das konstant hohe Stresslevel besteht ohne rechtzeitige Maßnahmen die Gefahr, an schwerwiegenden psychischen Krankheiten zu erkranken. Daher macht es Sinn, früh genug mit mehr Achtsamkeit, mehr Entspannung und dem Anhalten der grüblerischen Gedanken oder sogar einer therapeutischen Behandlung zu beginnen! Hier soll auch angemerkt werden, dass eine Psychotherapie keine Schande ist und das Leben deutlich verbessern kann! Oft kann sich nämlich nicht mehr selbst geholfen werden und die Krankenkassen übernehmen in der Regel die Kosten einer Therapie.

Gründe für das Grübeln: Die emotionale Beweisführung

Bevor es im nächsten Kapitel um Depressionen, Angststörungen und Traumata als Ursache vom Grübeln geht, soll es an dieser Stelle um weitere Ursachen gehen. Denn es stellt sich ja nicht nur die Frage, wie das Grübeln zu stoppen oder zu verhindern ist, sondern auch, welche Ursachen überhaupt dahinterstecken. Darüber machen sich nämlich doch nur recht wenige Menschen Gedanken. Dabei sind die Gründe für das Grübeln und das Verständnis von diesen Ursachen wichtige Punkte zur Beherrschung der Gedanken.

Ein sehr wichtiger und oft unterschätzter Punkt ist an dieser Stelle die emotionale Beweisführung. Diese hängt direkt mit dem Grübeln zusammen und erklärt, warum Betroffene den jeweiligen Gedanken immer weiter nachhängen. An diesem Punkt ist zu beachten, dass die Gedanken zu Gefühlen werden. Durch die dann empfundene Angst vor einer Sache bekommen die Betroffenen das Gefühl, dass es ja richtig ist, dass sie darüber grübeln. Schließlich besteht die Angst vor einer schlimmen Sache und dann macht es ja auch Sinn, über die beängstigenden Dinge nachzudenken, oder?

An dieser Stelle sind wir bei einer emotionalen Beweisführung angelangt. Damit ist gemeint, dass die Gründe für das Grübeln in den Emotionen gesucht werden, die doch durch das vorherige negative Denken erst ausgelöst werden. Das klingt paradox? Dennoch passiert genau das immer wieder und ist für viele Menschen ein Grund, weiter über die Dinge zu grübeln, die nicht zu lösen sind. Die empfundenen Gefühle werden somit als Tatsache angesehen. Dabei ist es wichtig, die Gefühle eben nicht als solche Tatsachen anzusehen, sondern als etwas, was durch die Gedanken beeinflusst wird.

Ein Beispiel zur besseren Veranschaulichung der emotionalen Beweisführung:

Stelle dir vor, Du hast vor einiger Zeit in den Nachrichten neue Berichte über Krebs gehört. Vorher hast Du Dich damit eigentlich gar nicht beschäftigt. Doch seit diesen Nachrichten lassen Dich diese Dinge nicht mehr los und Du grübelst über den Krebs, mögliche Chemotherapien und starke Schmerzen nach. Vielleicht stellst Du dir sogar vor, am Krebs zu sterben. Logischerweise beginnst Du bei den ganzen negativen Gedanken auch, Angst zu empfinden. Deine Gedanken werden zu Gefühlen und Du fühlst Dich jetzt dadurch bestätigt, weiter zu grübeln, da Du ja Angst vor dem Krebs hast. Du nimmst diese Gedanken und Gefühle als Tatsachen wahr – und nicht als etwas, was eigentlich nur durch einige Nachrichten ausgelöst wurde.

Die emotionale Beweisführung muss daher erst einmal erkannt und dann auch durchbrochen werden. Das ist in jedem Fall möglich, erfordert aber etwas Disziplin und vor allem das Bewusstsein, dass die Angst in diesem Beispiel überhaupt erst durch die Gedanken kommt. Nicht durch die extrem hohe Wahrscheinlichkeit, jetzt an Krebs zu erkranken.

Manche Menschen und Ansichten gehen jetzt noch weiter. Sie nehmen an, dass es das Gesetz der Anziehung gibt und unsere Gedanken stetig Impulse aussenden, mit denen Dinge angezogen werden. Wenn jetzt jemand stundenlang oder wochenlang über Krebs, Chemotherapien und seine Ängste nachgrübelt, steigt diesen Ansichten nach die Wahrscheinlichkeit, wirklich an Krebs zu erkranken. Das mag im ersten Moment ein wenig spirituell klingen, doch es gibt viele Beispiele dafür. Unsere Gedanken werden somit zu Emotionen und bestimmen auch, wer, was und wie wir sind.

Grübeln und die Angst vor dem Kontrollverlust

Für uns Menschen ist Kontrolle ein enorm wichtiger Aspekt im Leben. Wir wollen diese Kontrolle möglichst nicht abgeben und nicht selten herrscht eine große Angst vor dem Kontrollverlust. Die Gedanken zu kontrollieren ist definitiv keine einfache oder schnell erledigte Angelegenheit. Ganz im Gegenteil.

Bleiben wir beim vorher genannten Beispiel der emotionalen Beweisführung. Es gibt an dieser Stelle zwei Möglichkeiten, wie vorgegangen werden kann. Eine Option ist, einzusehen, dass man eigentlich nur gesunde Ernährung und eine gesunde Lebensweise als Möglichkeiten gegen den Krebs hat. Wenn diese Einsicht kommt und man merkt, dass man doch ohnehin nichts wirklich ändern könnte, dann wäre das Grübeln an dieser Stelle beendet. Denn warum solltest Du nach einer solchen Einsicht noch weiter über das Problem nachdenken oder Grübeln? Du kannst es ja ohnehin nicht beeinflussen und hoffst dann einfach mal für die Zukunft, dass eben nichts passiert.

Jetzt gibt es aber bei allen, die Grübeln, noch die andere Option in diesem Szenario. Wenn Du jetzt denkst, dass Du die Angst und das Thema in irgendeiner Form durch das Grübeln kontrollieren kannst, dann beginnt es schwierig zu werden. Denn Du musst an dieser Stelle einsehen, dass Du die Angst und die Möglichkeit eben nicht beeinflussen kannst. Wenn Du das nicht tust und Deine Angst vor dem Kontrollverlust so groß ist, wird das Grübeln auch immer weiter gehen. Mit allen negativen körperlichen und auch psychischen Folgen. Beispielsweise entwickelt Jemand der Angst vor Krebs hat, dann neue Verhaltensweisen. Er könnte sich über Asbest (Krebserregend) informieren und dann alle potentiellen Orte vermeiden an denen Asbest verbaut sein könnte. Das schränkt das Leben ungemein ein und wir schnell zwanghaft.

Nun kommt es in diesem Moment auch noch dazu, dass die Betroffenen Zwangsgedanken entwickeln, wenn sie aus Panik vor dem Kontrollverlust immer weiter grübeln. Diese Zwangsgedanken können dann auch nicht mehr einfach so durch einige Übungen verbessert werden. Besser ist es in einem solchen ausgeprägten Fall, dass diese Zwänge therapeutisch behandelt werden. Falls Du das Gefühl hast, dass bei dir möglicherweise Zwangsgedanken oder eine Zwangsstörung vorliegen, könntest Du erst einen Onlinetest machen. Im Anschluss macht dann vielleicht die Suche nach einem guten Therapeuten Sinn. Das wäre dann der extreme Fall des Grübelns, wenn diese in eine Zwangsstörung münden.

Es ist daher sinnvoll, schon bei Anzeichen der emotionalen Beweisführung oder bei der Angst vor einem Kontrollverlust zu handeln. Das ist auch wichtig, damit die Symptome sich nicht verschlimmern und das Grübeln nicht die drastischen Effekte zeigt.

Die Ursachen vom Grübeln – Auswirkungen von Depressionen und Ängsten

Wie genau kommt es überhaupt zum Grübeln und worin bestehen die Ursachen? Als Ursachen werden besonders häufig psychische Krankheiten wie Depressionen oder Ängste angesehen. Traumata werden ebenfalls sehr häufig mit dem Grübeln in Verbindung gebracht. Es handelt sich dabei dann im Normalfall um ungelöste Probleme, die Auswirkungen bis heute zeigen. Eine Psychotherapie geht daher in der Regel die Krankheiten an und sieht krankhaftes Grübeln als bekanntes Symptom an.

In verschiedenen aktuellen Studien wurden die Zusammenhänge vor allem von Depressionen und Angststörungen mit dem Grübeln erkannt. In den Quellen findest Du weitere Informationen zu den einzelnen Studien.[*1]

Kommen wir einmal zu den Gründen, warum genau Depressionen und Angststörungen mit Grübeln in Verbindung gebracht werden können.

Depressionen und Grübeln: Der Beginn der Krankheit

Oft fragen sich die Menschen, woran denn eine Depression zu erkennen ist oder was genau die ersten Anzeichen für eine solche sind. Die Antwort ist eigentlich erschreckend einfach: Grübeln stellt eines der ersten und deutlichsten Symptome von einer Depression dar. Die eigenen Gedanken werden immer lauter und lähmen irgendwann.

Betroffene machen sich selbst Vorwürfe, zweifeln an sich und fragen sich immer wieder „Warum passiert mir das immer wieder?". Die Gedanken werden zu einer negativen Spirale, also zum Grübeln, die nur mit bestimmten Maßnahmen zu durchbrechen ist. Denn die negativen Gedanken führen dann zu einer regelrechten Lähmung, die dann selbst einfache Aufgaben im Alltag beinahe unmöglich macht. In verschiedenen Studien wurde daher herausgefunden, dass Grübeln eines der allerersten Symptome von einer Depression ist.

Problematisch kann es auch werden, wenn die Depression schon in der Vergangenheit bestand und als überwunden angesehen wurde. Das Grübeln kann dann sehr schnell wieder zu einer Depression führen. Es macht daher Sinn, bereits das Grübeln zu stoppen und es als Begleiterscheinung einer möglicherweise schwereren psychischen Erkrankung anzusehen.

Angstörungen und die Begleiterscheinungen

Es gibt eine Vielzahl von möglichen Ängsten im Leben, die dann alle unterschiedliche Folgen haben. Von einer Bindungsangst über Platzangst, Angst vor Spinnen, vor Berührungen, vor Ärzten oder vor Menschenmassen sind zahlreiche Dinge vorhanden. Es hängt dann immer von den Betroffenen und nicht zuletzt auch von einer möglichen Behandlung ab, welchen Stellenwert diese Ängste im Leben einnehmen. Die Platzangst kann dabei genauso bedenkliche Ausmaße annehmen wie eine Angst vor Berührungen.

Es geht aber auch noch etwas extremer: Eine generalisierte Angststörung ist ebenfalls ein wirklich ernstzunehmendes Problem. Bei einer solchen Angststörung fühlen sich die Betroffenen richtig in ihren Ängsten gefangen. Diese können sich um die Zukunft, die Familie, die Arbeit oder die eigene Person drehen. Am Ende macht quasi alles in irgendeiner Form Angst und die Gedanken rund um diese Ängste nehmen einen immer größeren Platz im Kopf ein. Die Menschen mit einer generalisierten Angststörung machen sich viele Sorgen und die Gedanken drehen sich täglich über Stunden rund um diese Ängste.

Eine generalisierte Angststörung ist daher auch unter dem Namen „Sorgenkrankheit“ bekannt. Die ausgeprägte Angststörung isoliert und führt sehr schnell dazu, dass alle Angehörigen sich abgrenzen, sich genervt fühlen oder die Betroffenen einfach nicht verstehen. So eine Angststörung führt zu großem Leid und schränkt auch das Sozialleben sehr stark ein. Es handelt sich definitiv um eine ernstzunehmende Krankheit, die mit vielen Begleiterscheinungen daher kommt.

Da die Ängste und Sorgen über Stunden täglich die Gedanken einnehmen, kann hier in jedem Fall vom Grübeln gesprochen werden. Eine solche Angststörung fängt im Kleinen an und nimmt dann immer mehr Platz im Kopf der Betroffenen ein. Deshalb ist es auch so wichtig, eine solche früh genug zu erkennen und dann auch zu behandeln. Sonst bauschen sich die Ängste immer mehr auf und nehmen irgendwann einen extrem großen Raum im Kopf ein.

Grundsätzlich ist es bei einer Angststörung genau wie bei einer Depression immer wichtig, frühzeitig zu handeln. Sonst ist die Erkrankung irgendwann so weit fortgeschritten, dass die Heilung und der Ausweg sehr schwer werden. Bei einer generalisierten Angststörung kommt es genau wie beim Grübeln an sich zu schweren körperlichen und psychischen Symptomen. Von Muskelverspannungen über Magenproblemen bis hin zum Herzrasen bei akuten Panikattacken sind die Konsequenzen dann breit gefächert.

Grübeln als Folgen von Traumata

Bei einem Trauma handelt es sich um eine schwere seelische Verletzung aufgrund von sehr stark belastenden Erlebnissen. Es kann sich dabei um Naturkatastrophen, Gewalt, Unfälle, Vergewaltigungen und andere, extrem traumatische Ereignisse handeln. Grundsätzlich kann aber jedes Ereignis traumatisch sein, welches ein Gefühl von starker Hilflosigkeit hervorruft. Dabei kann es sich um viele Ereignisse handeln, die uns seelisch stark belasten und die wie eine Verletzung für unsere Seele sind. Eine posttraumatische Belastungsstörung kann aber beispielsweise auch auftreten, wenn der Körper eine Operation als sehr belastend empfindet.

Jetzt kann ein solches Trauma auf verschiedene Weise verarbeitet werden. Für viele Menschen stellt das Erlebnis eine solche Belastung dar, dass noch lange daran gedacht wird und es sehr schwer ist, dieses zu verarbeiten. Eine häufig verbreitete Folge ist dann das Grübeln. Mit dem Grübeln versuchen Betroffene, ein Trauma zu verarbeiten. Was aber nie funktioniert – ganz im Gegenteil. Die Folgen sind dann noch stärker und es hilft auch gar nicht weiter, immer die Frage nach dem Warum zu stellen.

Bei einem traumatischen Erlebnis im Leben ist es sehr einfach, in das Grübeln abzusinken und daraus nicht mehr zu entkommen. Die negative Gedankenspirale führt dann nur dazu, dass es noch schwerer ist, mit dem Trauma zurecht zu kommen. Eine Therapie stellt daher den besten Ansatz zur Heilung dar – und das Ende vom Grübeln. Somit ist ein Trauma in jedem Fall auch als eine Ursache von dem Grübeln anzusehen.

Der Unterschied zwischen normalem und krankhaftem Grübeln

Wie zuvor schon erwähnt, kann nicht direkt jedes Grübeln als krankhaft angesehen werden. Es ist völlig normal, dass es immer wieder Situationen gibt, in denen sehr intensives Nachdenken normal ist. Das hält dann für eine Weile an und ist bei den Menschen ohne Probleme im Anschluss wieder vorbei. Dabei kann es sich dann auch um negative Gedanken handeln, die sich aber mit dieser einen Situation intensiver beschäftigen. Es wäre ja auch eigenartig, wenn kein Problem wirklich berühren würde und wir uns keine Gedanken darüber machen.

Krankhaft ist das Grübeln in einem solchen Fall noch nicht, da es in einer schwierigen Situation ganz normal ist, auch einmal die Gedanken etwas kreisen zu lassen. Nur ganz geübte und in sich ruhende Menschen schaffen es dann, die schwierigen Situationen zu akzeptieren und gar kein Grübeln an den Tag zu legen. Die meisten Menschen hingegen fangen dann an zu überlegen und brauchen erst einen

Moment, bis sie sich wieder gefangen haben. Im Normalfall ist dieser Moment dann aber eben nicht so lang und es dauert daher nicht lange, bis nach einer Lösung des Problems gesucht wird.

Es gibt aber auch krankhaftes Grübeln, welches viele der körperlichen und psychischen Effekte mit sich bringt, die wirklich nicht wünschenswert sind. Krankhaft ist das Grübeln in jedem Fall, wenn ein Gefühl der innerlichen Lähmung durch die kreisenden Gedanken auftritt. Manchmal können Betroffene über viele Stunden hinweg nichts anderes mehr machen, als zu Grübeln. Die fiktiven oder realen Probleme und die Ängste werden dann ganz klar übermächtig. Der Schlaf wird beeinträchtigt und die Phase des Einschlafens kann sich über einen langen Zeitraum hinweg hinziehen.

Im Alltag können Betroffene viele Dinge nicht mehr bewältigen, schieben Dinge auf oder können sich nicht mehr Konzentrieren. Das klingt stark nach einer Depression? Tatsächlich tritt krankhaftes Grübeln in einer depressiven Phase sehr häufig auf. Krankhaftes Grübeln bringt daher sehr viele negative

Folgen mit sich, die auch auf einer langfristigen Basis nicht zu unterschätzen sind.

Allerdings bedeutet das jetzt nicht, dass normales oder nicht krankhaftes Grübeln einfach so hingenommen werden muss. Grübeln ist grundsätzlich unangenehm, macht unglücklich und führt zu vielen Ängsten. Doch krankhaftes Grübeln sollte in jedem Fall sehr schnell angegangen werden. Falls nur manchmal Phasen des Grübelns auftreten, gibt es ebenfalls Methoden, die helfen können. Mit ein wenig Geduld und den richtigen Techniken ist es dann möglich, das Grübeln zu stoppen und sich auf andere Dinge zu konzentrieren. Ein Gefühl der Befreiung ist dir dann sicher, denn Grübeln belastet in jedem Stadium.

Doch zunächst einmal macht es Sinn zu überprüfen, ob Dein Grübelverhalten schon bedenklich oder noch recht normal ist. Im Anschluss erfährst Du, welche Möglichkeiten es gegen das Grübeln gibt und was wirklich bei dem Gedankenkarussell hilft.

Checkliste: Ist Dein Grübelverhalten normal oder schon bedenklich?

An dieser Stelle findest Du eine kleine Liste, die dir dabei hilft zu sehen, ob Dein Grübelverhalten schon krankhaft ist oder noch normal ist. Wenn Du mindestens eine der folgenden Fragen mit ja beantwortest, solltest Du unbedingt etwas gegen die negativen Gedanken unternehmen. Sonst besteht die Möglichkeit, dass Du schnell in ein noch bedenklicheres Verhalten fällst und sich dies im schlimmsten Fall zu einer psychischen Störung entwickeln kann.

Überlege dir in Ruhe, ob Du die folgenden Fragen mit ja oder nein beantwortest:

- Drehen sich Deine Gedanken täglich über Stunden im Kreis?
- Schlagen Deine negativen Gedanken auf Deinen Magen, führen sie zu massiven Einschlafproblemen oder zu Appetitverlust?

- Fühlst Du Dich ohnmächtig oder stehst Du Deinen Gedanken hilflos gegenüber?
- Wie steht es um eine Produktivität und Leistungsfähigkeit: Halten Dich Deine Gedanken davon ab, wirklich Produktiv zu sein und etwas zu leisten?
- Leidet Dein Selbstwertgefühl unter Deinen Gedanken oder hast Du ständig Angst, zu versagen?

Auch hier soll erneut erwähnt werden, dass bei mehreren der Symptome durchaus eine therapeutische Behandlung in Betracht gezogen werden kann. Oft kann selbst gegen ausgeprägte Ängste innerhalb von wenigen Stunden etwas getan werden.

Warum ist es wichtig, mit dem Grübeln aufzuhören?

Die zuvor genannten Begleiterscheinungen vom Grübeln geben sicherlich auch Dir zu denken. Interessant ist auch, dass in Studien einige Dinge rund um das Grübeln herausgefunden wurden. Im Rahmen der Studien wurde herausgefunden, dass Grübeln den Stress einer alltäglichen Situation zusätzlich steigert. Schon bei den negativen Gedanken steigen der Blutdruck und die Herzfrequenz deutlich sichtbar an. Stress kann krank machen und beim Grübeln ist es nicht anders. Durch das Grübeln über eine stressige oder schwierige Situation verdoppelst Du damit tatsächlich die negativen Auswirkungen für Deinen Körper. Das ist mit Sicherheit schon ein guter Grund, endlich das Grübeln zu stoppen.

Im Rahmen einer Untersuchung wurde aber noch etwas anderes getestet, und zwar, ob Ablenkung gegen das Grübeln helfen kann. Die Versuchspersonen wurden aufgeteilt und eine Hälfte kam in einen Raum ohne weitere Beschäftigung. Die andere Hälfte hingegen kam in einen Warteraum, der voller Spiele, Bücher und vieler anderer Dinge war. Am Ende kam heraus, dass die Ablenkung sehr hilft. Denn nur noch 17 Prozent der Betroffenen in dem Raum voller Ablenkung grübelten weiter über das Problem nach. Bei den Teilnehmern in dem kargen Raum grübelten nach der Auszeit noch ganze 31 Prozent über ihr Problem nach. Ablenkung und Zerstreuung sind damit wichtige Faktoren, wenn es darum geht, mit dem Grübeln aufzuhören.

Doch es gibt noch weitere wichtige Argumente, warum ein Ende vom Grübeln so wichtig ist. Hier kommen einige interessante Vorteile, die ein Ende des Grübelns mit sich bringen:

1. Die wahren Gefühle wieder entdecken

Sich von negativen Gefühlen regelrecht erdrückt zu fühlen ist eine normale Begleiterscheinung des Grübelns. Wenn Du es schaffst, mit dem Grübeln aufzuhören, lernst Du auch Deine echten Gefühle wieder kennen. Davon sind viele ganz sicher sehr positiv und wohltuend. Die kreisenden Gedanken abzuschalten führt dazu, dass Du wieder richtig und normal fühlst und von ständigen negativen Gefühlen Abstand nimmst.

2. Du kannst wieder zuhören

Die eigenen Gedanken können teilweise ganz schön laut und erdrückend werden. Du kannst beim ständigen Grübeln gar nicht mehr zuhören, da Deine Gedanken sowieso alles übertönen. Wenn Du damit aufhörst, hörst Du nicht nur Deinen Mitmenschen wieder zu. Die Geräusche der Natur sind nur ein gutes Beispiel für etwas, was Du dann wieder richtig hören und wahrnehmen kannst.

3. Du lernst zu beobachten

Negative und laute Gedanken halten Dich auch davon ab, die schönen Dinge in Deiner Umgebung zu sehen. Du beobachtest wieder mehr die schönen Dinge, genießt diese mehr und bist endlich nicht mehr mit Deinen negativen Gedanken allein beschäftigt. Mehr darüber erfährst Du auch im Kapitel der Achtsamkeit, da diese sich damit beschäftigt, wieder mehr zu sehen und bewusst wahrzunehmen. Es ist sehr wichtig, sich nicht nur auf sich selbst und die eigenen Sorgen zu konzentrieren. Dadurch schenkt die Möglichkeit, zu beobachten auch ein ganz neues und schönes Lebensgefühl.

4. Besserer Schlaf

Schlechter Schlaf bringt sehr viele Probleme mit sich. Du wachst mit weniger Energie und sehr müde auf. Außerdem leiden die Konzentration, die Laune und der innere Antrieb unter schlechtem Schlaf. Wenn Deine Gedanken nicht mehr kreisen, kannst Du viel leichter einschlafen. Dann wachst Du auch erholter und in positiverer Stimmung auf!

5. Mehr Energie für den Alltag

Du wachst nicht nur erholter auf, sondern wirst insgesamt wieder mehr Energie im Alltag haben. Dadurch kannst Du alle Dinge besser erledigen, entscheidest Dich leichter und fühlst Dich auch so schnell nicht mehr vom Alltag überfordert. Diese zusätzliche Energie kannst Du in viele positive Dinge stecken, die Dich auch wieder vom Grübeln abhalten.

Hilfe gegen das Grübeln: Achtsamkeit

Grübeln in der extremen, krankhaften Form ist also ganz klar schädlich. Für die Gesundheit, für die Zufriedenheit und ganz allgemein für Dich selbst. Die Frage ist an dieser Stelle aber, was wirklich gegen das Grübeln hilft. Wie schaffst Du es, von der problemorientierten Denkweise hin zu einer positiven, lösungsorientierten Denkweise zu wechseln? Das Ziel ist am Ende, wieder positiver zu denken und die Gedanken abzuschalten oder leiser werden zu lassen.

Achtsamkeit ist in jedem Fall ein gutes Mittel gegen das Grübeln und auch gegen so einige andere Symptome, die im Alltag auftreten können. Mit Achtsamkeit ist übrigens nicht gemeint, dass Du jetzt mehr oder genau darauf achtest, was Du eigentlich tust. Vielmehr geht es darum, einen bestimmten Bewusstseinszustand zu erreichen, der Dir dabei hilft, wirklich in der Gegenwart zu bleiben.

Die Aufmerksamkeit richtest Du auf die Gegenwart, und zwar in einer positiven Form. Denn es bringt dem Konzept der Achtsamkeit nach nichts, wenn Du ständig der Vergangenheit hinterher hängst oder Dir Gedanken um die Zukunft machst. Das Leben findet schließlich jetzt und nicht in einer fernen Zukunft oder in der Vergangenheit statt. Übrigens ist die Idee der Achtsamkeit nicht halb so esoterisch, wie es im ersten Moment klingt. Vielmehr handelt es sich um ein ganz wichtiges Konzept, das in der Forschung und therapeutischen Anwendung immer größeren Zuspruch erhält.

Was genau bedeutet Achtsamkeit wirklich? Achtsamkeit meint, dass Du den aktuellen Moment intensiv und wirklich mit all Deinen Sinnen erlebst. Deine Gedanken und Deine Emotionen sind im Jetzt und schweifen nicht ab. Alle Sinneseindrücke richten sich auf dieses Ereignis und auch der Körper befindet sich in der Gegenwart und wird voll eingebracht. Dieser aus dem Buddhismus stammende Zustand wird in der heutigen Zeit als immer wichtiger eingeschätzt. Denn oft befinden wir uns gar nicht mehr richtig in der Gegenwart, sondern immer zu einem Teil in der Vergangenheit und der Zukunft. Genau das ist aber schädlich und so macht es Sinn, sich auf die Gegenwart zu konzentrieren und diese auch richtig zu genießen.

Achtsamkeit hilft dabei bei vielen Dingen und macht so einiges im Leben leichter. Vor allem sind Achtsamkeit und die Konzentration auf den aktuellen Moment hilfreich, wenn es darum geht, das Grübeln zu stoppen. Im Sinne der Achtsamkeit hören die Menschen auch mehr auf ihre Intuition und ihre innere Stimme. Wenn die innere Stimme sagt, jetzt definitiv mit dem Arbeiten für heute aufzuhören, handelt es sich dabei ebenfalls um eine Form der Achtsamkeit.

Übrigens: Das Handy 30 Minuten vor dem Schlafengehen auszuschalten oder zwischendurch am Tag eine gewisse Zeit zu ignorieren ist ebenfalls eine Form, achtsam zu sein. Eine sehr wichtige Form übrigens, da die ständige Aufmerksamkeit auf das Handy alles andere als achtsam oder empfehlenswert ist.

Die Vorteile der Achtsamkeit in Kurzform:

- Es ist leichter, mit Belastungen und auch mit Stress umzugehen
- Achtsame Menschen machen sich weniger Sorgen
- Das Grübeln wird gestoppt, da es nicht zu einem achtsamen Leben passt
- Die Grundeinstellung wird optimistischer
- Positivere Gedanken sind die Folge
- Mehr Geduld mit anderen Menschen und nicht zuletzt mit sich selbst
- Bessere Selbstreflexion
- Stärken und Schwächen werden besser erkannt und können auch entsprechend genutzt werden

5 Achtsamkeitsübungen für jeden Tag

Achtsamkeit hilft also ganz klar gegen das Grübeln und stoppt die negativen Gedanken. Dabei handelt es sich auch nicht um ein spirituelles Konzept oder um etwas, was nur Mönche können. Ganz im Gegenteil – die vielen Vorteile zeigen auch, warum gerade in der heutigen, schnelllebigen Welt etwas mehr Achtsamkeit extrem wichtig ist. Nur wird diese oft noch unterschätzt und zu wenig angewendet.

Bewusster atmen, sehen, fühlen, riechen und schmecken – das sind klassische Aspekte für mehr Achtsamkeit. Bewusster im Jetzt zu leben ist etwas, was uns heute mit vielen Eindrücken schwerfällt. Dennoch ist es extrem wichtig und eines steht fest: Das Handy seltener oder nur noch zu bestimmten Zeiten zu nutzen hilft sehr dabei. Mehr Achtsamkeit sorgt dann dafür, dass Du gar nicht mehr so sehr zum Grübeln kommst. Die Gegenwart wird dann wesentlich wichtiger als negative, kreisende Gedanken. Kleine Übungen in den Alltag einzubauen ist daher sehr sinnvoll und sorgt dafür, dass Du nach und nach eine deutliche Verbesserung spürst. Habe Geduld mit Dir selbst und nimm Dir diese Momente des bewussten Erlebens.

Hier findest Du 5 kleine und einfache Übungen, die Dir zu mehr Achtsamkeit verhelfen:

1. Ein achtsamer Tagesstart

Angenommen, der Wecker klingelt. Stehe jetzt nicht sofort auf und greife bloß nicht nach Deinem Handy. Nimm Dir einige Minuten ganz bewusst Zeit für Dich, für Deine Empfindungen und für die Dinge, die Dir gerade wichtig sind. Starte den Tag bewusst, strecke Dich vielleicht etwas und lasse Dich nicht sofort von anderen Dingen wie von einem Handy oder von negativen Gedanken ablenken.

2. Bewusster Genuss und Fokus auf die Mahlzeiten

Heutzutage sind gerade die Mahlzeiten für viele Menschen ein sehr großes Problem. Denn bei den Mahlzeiten werden Handys oder Computer hervorgezogen. Fernseher und Bücher kommen ebenfalls zum Einsatz und lenken den Fokus auf diese Dinge und ganz weg von den Mahlzeiten an sich. Dabei ist bewusster Genuss und die Wahrnehmung jedes einzelnen Bissens sehr wichtig im Rahmen von einem achtsamen Leben.

Setze Dich an den Tisch und nimm Dein Essen bewusst wahr. Kaue jeden Bissen und achte auf den Geruch, den Geschmack, die Konsistenz und nicht zuletzt auf Deinen Körper. Wann bist Du satt, welche Speisen magst Du besonders und welche nicht? Bei allen Mahlzeiten sollte der Fokus nur auf diesen liegen und nicht auf anderen Dingen. Dabei handelt es sich um eine ganz wichtige Übung für mehr Achtsamkeit, die tatsächlich einiges im Leben verändern kann.

Übrigens: Diese Übung hilft Dir auch dabei, weniger zu essen und möglicherweise vorhandenes Übergewicht zu bekämpfen. Dieses hat nämlich nicht gerade selten seinen Ursprung in viel zu großen

Portionen, die völlig unbewusst verschlungen und gar nicht richtig gewürdigt werden.

3. Die Sinne bewusst schärfen

Die Umgebung ganz bewusst zu beobachten und mit allen Sinnen aufzunehmen – das ist eine perfekte Übung für mehr Achtsamkeit! Eine sehr gute Gelegenheit dafür bietet sich beispielsweise beim täglichen Pendeln zur Arbeit, zur Schule oder zur Uni. Nimm einfach mal Deine gesamte Umgebung sehr intensiv und vor allem mit allen Sinnen wahr.

Ein gutes Beispiel ist hier die Bahn. Welche Menschen sind in der Bahn, was hörst Du, was riechst Du, auf welchem Untergrund sitzt Du? Nimm Deine Umgebung ganz bewusst wahr – und achte darauf, nichts zu verurteilen! Es geht nicht darum, zu werten oder zu urteilen, sondern darum, die Sinne bewusst zu nutzen und auf diese Weise auch zu schärfen. Das ist viel einfacher gesagt als getan, da wir fast schon unbewusst ständig zum Urteilen und auch zum Verurteilen neigen. Umso wichtiger ist es, das abzuschalten und die Sinne mal vollständig einzusetzen. Sicherlich fallen Dir dabei zahlreiche Dinge auf, die Du auf diese Weise noch nie wahrgenommen hast!

4. Barfuß laufen

Das klingt im ersten Moment eigenartig und sehr nach etwas, was nur Kinder oder Hippies tun. Doch ganz bewusst barfuß zu laufen ist eine wertvolle Erfahrung für die Sinne, die nicht zu unterschätzen ist. Ziehe dafür Deine Schuhe und auch Deine Socken aus und laufe auf verschiedenen Oberflächen barfuß.

Das Besondere an dieser Übung ist, dass Du bewusst den Untergrund wahrnehmen solltest. Wie fühlt er sich an, ist er warm oder kalt, glatt, weich oder hart und welche Beschaffenheit hat er überhaupt? Konzentriere Dich völlig auf den Boden und probiere verschiedene Oberflächen aus: Teppich, Fliesen, Gras, Beton, Sand oder Kies. Jede Oberfläche hat ihre eigenen Besonderheiten und Du lernst, achtsam zu gehen und Deine Umgebung vollständig wahrzunehmen.

5. Selbstreflexion am Abend

Viel zu selten reflektieren wir uns selbst oder das, was wir tun oder am Tag getan haben. Nimm Dir jeden Abend für einen Moment Zeit, ganz bewusst Deine aktuelle Situation und Deine Gefühle zu reflektieren. Diese regelmäßige Selbstreflexion ist auf dem Weg zu einem achtsamen, ruhigeren Leben von großer Bedeutung. Außerdem ist es wichtig, nicht einfach immer stur alles zu befolgen und zu machen, sondern ruhig auch einmal zu reflektieren. Das hilft auch dabei loszulassen und das Grübeln gar nicht erst in einem größeren Ausmaß zuzulassen.

10 Praktische Übungen gegen das Grübeln

An dieser Stelle kommt die gute Nachricht: Es gibt viele Maßnahmen gegen das Grübeln. Du musst sie nur angehen und regelmäßig praktizieren. Dann kannst Du die Gedankenspirale durchbrechen, gewinnst wieder mehr Selbstvertrauen und auch die körperlichen oder psychischen Symptome gehen zurück. Von Meditation über dem Schreiben bis hin zu positiven Gedanken findest Du hier 10 hilfreiche Übungen gegen das Grübeln.

Meditation

Die ultimative Methode gegen innere Unruhe und für mehr Achtsamkeit ist in jedem Fall die Meditation. Die Meditation eignet sich auch für Anfänger ohne Erfahrungen und hilft ganz klar dabei, die Gedanken im Inneren zu beruhigen und nicht mehr so sehr zu verurteilen. Dein Kopf kommt regelrecht zur Ruhe und Du lernst noch etwas ganz wichtiges: Deine

Gedanken sind Gedanken und es bringt nichts, diese zu verurteilen.

Setze Dich in einem ruhigen Raum bequem hin und schalte vorher Dein Handy aus. Achte auch darauf, dass Dich niemand unterbricht. Dann schließt Du die Augen und konzentrierst Dich für 10 Minuten auf Deine Atmung. Ganz sicher kommen sofort zahlreiche Gedanken auf. Stelle Dir vor, dass Deine Gedanken wie Wellen am Meer oder wie Wolken am Himmel sind und lasse sie ziehen. Verurteile die Gedanken nicht, sondern stell Dir vor, dass Du Dich damit später befassen kannst und diese jetzt nicht näher beachten musst.

Am Anfang ist es sicherlich nicht einfach, die Meditation zu üben. Wichtig ist an dieser Stelle, dass Du möglichst täglich übst und Dir diese Zeit für Dich nimmst. Die vorüberziehenden Gedanken sollen Dich am Ende nicht mehr belasten. Achte darauf, dass Du die Gedanken nicht an Dich reißt und diese liebevoll aus einer distanzierten Position heraus betrachtest.

Meditation kann anfangs sogar dazu führen, dass Du nervös wirst und Deine Gedanken und Ängste Dich überfluten. Auch das ist normal. Gib nicht auf und probiere es immer wieder. Du wirst sehen, dass Du mit ein bisschen Übung zur Ruhe kommst und Dich entspannen kannst!

Distanz zum Grübeln errichten

Ein ganz wichtiger Bestandteil einer Veränderung ist es an dieser Stelle, dass Du Deine Gedanken auch als Gedanken siehst. Es handelt sich nicht um Tatsachen! Das bedeutet aber auch, dass diese Dinge keine Wirklichkeit darstellen, sondern etwas, was in Deinem Kopf passiert. Damit ist dann quasi eine innerliche Distanz zum Grübeln gemeint. Denn wir neigen schon sehr stark dazu, die Gedanken als reine und unumstößliche Tatsachen anzusehen. Dabei ist das überhaupt nicht der Fall und gerade negative Gedanken haben die Angewohnheit, sich regelrecht in das Gehirn hineinzufressen. Es ist daher gerade zu Beginn der Übungen gegen das Grübeln nicht einfach, die innerliche Distanz zu den Gedanken aufzubauen und diese nur als ein Konstrukt anzusehen. Mit der wirklichen Realität haben die Gedanken nämlich im Normalfall rein gar nichts zu tun.

Sobald Du merkst, dass Du wieder mit dem Grübeln beginnst, solltest Du Dich davon distanzieren. Das ist am Anfang natürlich nicht ganz einfach, wird jedoch mit der Zeit immer leichter. Es ist sehr wichtig, dass Du das Grübeln als solches wahrnimmst, es bemerkst und Dich dann im Anschluss davon distanzierst. Nur so kannst Du überhaupt aus der negativen Spirale Deiner Gedanken ausbrechen.

Setze Dir ein klares Zeitlimit

Eine hilfreiche Methode beim Grübeln ist das Setzen von einem Zeitlimit. Bekannt ist diese Option auch als die „2 Minuten Methode". Denn bei dieser Methode geht es darum, dass Du Dir bewusst wirst, dass Du grübelst. Genau dann kannst Du Dir ein Zeitlimit setzen – beispielsweise 2 Minuten. Grüble 2 Minuten weiter über Dein aktuelles Problem und stoppe dann. Am besten funktioniert das tatsächlich mit einer Stoppuhr. Denn es geht ja darum, dass Du nach den 2 Minuten wirklich mit dem Grübeln aufhörst und nicht immer weiter machst.

Frage Dich im Anschluss, ob das Grübeln Dir etwas gebracht hat und ob Du Dich jetzt schlauer fühlst oder weiter bist als vorher? In der Regel wird genau das nicht der Fall sein – stoppe dann ganz bewusst das Grübeln und achte darauf, Dich auf andere Dinge zu konzentrieren. Denn Ablenkung hilft beim Grübeln schon enorm weiter.

Schreiben statt nur zu Denken!

Es ist oft ganz einfach, in Gedanken Probleme immer wieder zu wälzen und zehnmal durchzukauen. Doch das verleitet auch dazu, sich regelrecht in den Gedanken zu verlieren und gar nicht mehr damit aufzuhören. Deshalb ist diese Übung hier eigentlich ganz einfach und dabei trotzdem viel wirksamer, als Du vielleicht im ersten Moment annimmst. Schreibe Deine negativen Gedanken, Deine Ängste und Gefühle auf!

Nimm Dir dafür 20 Minuten Zeit und arbeite entweder mit Papier und Stift oder mit dem Computer. Schreibe ehrlich und ohne zu zensieren die Dinge auf, die Dich so stark belasten und die in Deinem Kopf herumschwirren. Das ist in jedem Fall eine sinnvolle Option, um sich alles von der Seele zu schreiben, es bewusst wahrzunehmen und sich im Anschluss davon zu distanzieren. Versuche in Zukunft jedes Mal, wenn die Gedanken wieder zu laut und quälend werden, diese niederzuschreiben und das Grübeln dann im Anschluss zu stoppen.

Tipp: Lege ein Heft und einen Stift neben Dein Bett oder auf Deinen Nachttisch. So hast Du eine Art Notfallset zur Hand, falls Du am Abend zum Grübeln neigst und musst nicht erst lange nach den entsprechenden Hilfsmitteln suchen.

Ablenkung kommt zuerst

Du merkst, dass Du mit dem Grübeln anfängst? Dann ist genau der richtige Zeitpunkt für ein wenig Ablenkung gekommen! Denn beim Grübeln neigen die Menschen immer dazu, gar nicht mehr auf die

Umgebung zu schauen, sondern sich nur auf sich selbst zu konzentrieren. Daher ist es so wichtig, genau in diesem Moment eine gute Ablenkung zu finden. Diese Methode hat sich auch in Studien schon als hilfreich erwiesen.

Bleibe also nicht reglos auf der Couch oder im Bett liegen. Schaue einen Film, lies ein Buch, geh spazieren, telefoniere mit Freunden oder unternimm etwas. Es gibt immer Dinge, die auch genau in diesem Moment möglich sind und es dann schaffen, dass Grübeln effektiv zu stoppen. Konzentriere Dich nur richtig auf Deine Ablenkung und lasse Dich nicht wieder in das Grübeln hineinziehen. Das passiert sonst wirklich sehr schnell und es ist wichtig, ganz konsequent andere Dinge zu machen und seinen Fokus auf andere Sachen zu richten.

Sport als Grübelhilfe

Sport ist aus vielen Gründen hilfreich. Du fühlst Dich im Anschluss wohler in Deiner Haut, bist auf eine gute Weise erschöpft und Dein Körper schüttet auch noch Glückshormone aus. Damit handelt es sich beim Sport ganz sicher auch um ein gutes Hilfsmittel gegen das Grübeln. Du fühlst Dich durch regelmäßigen Sport auch selbstbewusster, kannst besser schlafen und siehst die Welt direkt ein wenig positiver.

Wichtig ist aber, dass Du Dich beim Sport auch auf diesen konzentrierst und nicht Deine Gedanken weiter wie in einem Karussell schweifen lässt. Hilfreich sind dabei zum Beispiel Musik beim Sport oder Verabredungen mit Freunden, sodass Du beim Sport nicht alleine bist. Bei Sportarten wie beim Laufen kannst Du Dich bewusst auf Deine Umgebung, Deinen Atem oder auf ein Mantra konzentrieren, welches Du im Kopf wiederholst. So gerätst Du nicht in Gefahr, direkt wieder in die negativen Gedanken abzurutschen.

Du beginnst am Abend oder nach der Arbeit wieder mit dem Grübeln? Nimm Dir Dein Fahrrad, Deine Laufschuhe oder geh in das Fitnessstudio. Hauptsache Du treibst Sport – die positiven Gefühle und Gedanken stellen sich dann nach einiger Zeit ganz von selbst ein.

Eine Änderung der Fragestellung

Warum, wieso, wie… das sind typische Worte für alle, die grübeln. Denn es wird eigentlich immer nach denselben Dingen gefragt und das betrifft alles – egal, ob es sich um Schicksalsschläge, schlechte Momente oder um (vermeintliche) Probleme handeln. Die Frage sollte aber nicht bspw. „warum“ lauten, sondern „wozu“. Denn wenn Du Dich fragst, wozu diese Dinge hilfreich sind und wie Du diese lösen kannst, hörst Du mit den kreisenden Gedanken nach und nach auf.

Das klingt jetzt natürlich deutlich einfacher, als es ist. Aber da es sich um eine Änderung handelt, die im Kopf passieren muss, ist diese Frage oder die Veränderung der Fragestellung schon sehr hilfreich. Probiere es beim nächsten Anfall von Grübeln einfach mal aus und bemühe Dich, die Fragen im Kopf zu verändern. Das wirkt sich dann nach einiger

Zeit stark auf das Grübelverhalten aus und sorgt dafür, dass die Dinge nicht mehr als so extrem negativ wahrgenommen werden. Genau das ist ein wichtiger Ansatzpunkt, damit eine wirkliche Änderung möglich ist.

Die schwimmenden Gedanken

Diese Übung kommt vor allem in der Therapie zum Einsatz und kann dabei auch sehr gut zuhause oder an einem ruhigen Ort genutzt werden. Wichtig ist hierfür ein wenig Zeit, doch auch etwas Geduld solltest Du aufbringen, da nicht direkt nach einer halben Stunde mit den ganz großen Veränderungen zu rechnen ist.

Stelle Dir vor, dass Du Deine negativen Gedanken auf Blätter setzt, die von einem Baum fallen. Versuche Dir diesen Vorgang so intensiv wie möglich vorzustellen und lasse die Blätter dann in einen Fluss schweben. Der Fluss trägt die Blätter davon und befreit Dich von den Gedanken. Übe immer dann, wenn wieder negative Gedanken hochkommen oder Dich bestimmte Sorgen belasten, die Du nicht stoppen kannst. In der Therapie sorgt diese Übung bei regelmäßiger Anwendung dafür, dass die grüblerischen Gedanken nicht mehr als so negativ wahrgenommen werden. Es fällt damit auch wesentlich leichter, eine gewisse Distanz dazu aufzubauen und sich nicht so sehr von den Gedanken beeinflussen zu lassen.

Stopp – die Gedanken anhalten

Eigentlich eine ganz einfache, jedoch tatsächlich sehr wirksame Übung ist es, mit einem klaren „Stopp!" auf die negativen Gedanken zu reagieren. Du beginnst zu grübeln? Dann sage Dir in Gedanken klar und deutlich „Stopp!". Hilfreich ist es hier auch, das Wort durch eine passende Geste zu unterstreichen. Dabei kann es sich darum handeln, dass Du mit dem Fuß aufstampfst oder die Hand zu einer Faust ballst.

Hier ist es am besten, ein wenig auszuprobieren und so herauszufinden, was denn eigentlich am besten funktioniert. Wichtig ist bei dieser Übung, dass Du Dich gar nicht erst in Deinen Gedankenspiralen verlierst, sondern sofort Stopp sagst und Dich auch entsprechend verhältst.

Aufräumen – mehr Ordnung in das Leben bringen

Äußerlich und innerlich für Ordnung sorgen. Der Ansatz klingt erst einmal komisch in Bezug auf das Ende der Gedankenspirale. Doch es funktioniert tatsächlich, da ein äußerliches Aufräumen auch für mehr Ordnung und Ruhe im Inneren sorgt. Darüber hinaus wirst Du sehr effektiv von Deinen Gedanken abgelenkt und fokussierst Dich auf etwas anderes.

Die Vorgehensweise ist hier denkbar einfach. Nimm Dir ein Zimmer, einen Schrank oder einige Schubladen vor und räume diese auf. Miste auch aus und gib Sachen weg, die Du nicht mehr brauchst oder die nicht unbedingt notwendig sind. Du befreist Dich damit äußerlich von Ballast und kannst auch Deine Gedanken zur Ruhe bringen. Wichtig ist, dass es sich am besten um eine relativ chaotische Stelle handelt, bei der Du auch recht schnell Erfolge siehst.

Eine ganz andere Lösung: Gedanken fertig denken

Zuvor hast Du nur Übungen gefunden, die sich in irgendeiner Form mit dem Ende des Grübelns beschäftigen. Das ist bei dieser Übung ebenfalls der Fall, allerdings ist die Vorgehensweise hier schon ein wenig anders. Anstatt die Gedanken sofort und in dem Moment zu stoppen, in dem sie aufkommen, kannst Du jetzt einmal etwas anderes versuchen.

Denke Deine negativen Gedanken zu Ende, also wirklich bis ganz zum Ende und grüble nicht über die Möglichkeiten nach. Denn erst, wenn Du Deine Gedanken wirklich bis zum Ende, zum schlimmsten nur möglichen Ende denkst, kannst Du auch anfangen, nach einer Lösung zu suchen. Wer grübelt, denkt die Gedanken häufig nicht bis zum Ende. Das ist genau das Besondere an dieser Übung und der Punkt, der Dich stutzig machen sollte. Denn einmal ehrlich: Was genau kann schon passieren? Was ist der schlimmste Fall, der für Dich persönlich eintreten kann? Ist dieser worst case wirklich das Ende der Welt oder vielmehr weniger schlimm als zuvor angenommen?

Die Angst, Gedanken zu Ende zu denken ist sehr weit verbreitet. Wenn Du Deine Gedanken einmal zu Ende führst, in all ihrer möglichen Verrücktheit und mit allen Konsequenzen, lernst Du, dass selbst der schlimmste Fall eigentlich gar nicht so schlimm ist. Vielleicht wird das an einem konkreten Beispiel leichter umzusetzen und Du versuchst beim nächsten Anfall von Grübeln wirklich einmal, Deine Gedanken ganz fertig zu denken. Hier ein Beispiel, wie Du es umsetzen könntest:

Du grübelst, was passiert, wenn Dein aktueller Partner Dich verlässt. Was passiert dann? Du bist unglücklich und allein, willst aber nicht alleine bleiben. Was genau kann passieren?

Du findest nie mehr einen Partner und versuchst doch alles, damit es klappt. Was passiert denn dann noch?

Vielleicht siehst Du Deinen früheren Partner mit jemand anderem und erfährst dann von der Hochzeit. Du fühlst Dich noch einsamer und bist sehr traurig. So traurig willst Du natürlich nicht bleiben. Das ist auch völlig natürlich, da niemand gerne traurig bleiben möchte.

Damit sind wir auch so ziemlich beim Ende von diesem Beispiel angekommen. Es handelt sich hier um ein einfaches und kurzes Beispiel. Betroffene, die ständig Grübeln und vielleicht sogar eine Angststörung haben, denken aber schon am Anfang so weit, dass alles drastisch und schrecklich ausfällt. Das lähmt dann jede Entscheidung und sorgt dafür, dass keine Möglichkeit mehr genutzt wird.

Kurzer Exkurs: Es ist sogar logisch, dass man oft eher dazu neigt negativ als positiv zu denken. Das liegt evolutionär an der Angst uns schützen zu müssen und daher muss alles geplant und schlimme Konsequenzen mit einbezogen werden. Damals ging es aber ums Überleben, um nicht zu verhungern oder getötet zu werden. Heutzutage sind unsere Probleme meist weniger existenziell und daher oft einfach unbegründet und unnötig. Daher überleg Dir gut, ob es das gerade wert ist, was Du denkst und ob es wirklich so schlimm ist!

Wenn Du Deine negativen Gedanken bis ganz zum Ende denkst, kannst Du dadurch also lernen, dass alles gar nicht so schlimm ist. Oder Du stellst fest, dass Deine große Angst eigentlich ein wenig verrückt ist. Beide Erkenntnisse wären an dieser Stelle gut und können Dir im weiteren Verlauf helfen. Der Ratschlag, „Denk Dir doch nicht schon vorher alles kaputt!", passt ziemlich gut zu dieser Situation. Denn das negative, zerstörerische Denken kann ungeahnte Ausmaße annehmen, die teilweise gar nicht richtig verstanden oder ausreichend wahrgenommen werden.

Hilfe gegen die körperliche Anspannung

Wie zuvor erwähnt, reagiert der Körper durch das Grübeln stark gestresst und zeigt entsprechende körperliche Symptome. Diese körperliche Anspannung wirkt sich unter anderem auf die Muskeln aus und führt dazu, dass Verspannungen und Schmerzen oft die Folge darstellen.

Eine Möglichkeit gegen diese körperliche Anspannung ist zum Beispiel die progressive Muskelrelaxation, kurz PMR. Bei dieser Methode werden die einzelnen Muskeln bewusst erst angespannt und entspannt. Dabei richtet sich dann auch die Konzentration auf die bewusste Anspannung und die anschließende Entspannung und auf alle damit verbundenen Gefühle. Zum einen wird damit die körperliche Anspannung geringer. Zum anderen steigt die Fähigkeit zur Konzentration an. Entspannend und beruhigend wirkt die progressive Muskelrelaxation ebenfalls und ist daher sicherlich einen Versuch wert. Vor allem, weil es gar nicht so schwierig ist, diese Übung durchzuführen. Beginne vielleicht mit Deinen Muskeln im Nacken und überprüfe dann, wie diese Methode auf Dich wirkt.

Hinweise zu allen Übungen

Du hast jetzt in diesem Buch eine Reihe von Übungen gegen das Grübeln und für mehr Achtsamkeit gesehen. Alle Übungen bieten sehr gute Möglichkeiten dafür, dass Grübeln endlich zu stoppen und die eigene Denkweise zu verändern. Doch einen Hinweis solltest Du an dieser Stelle dringend noch beachten: Das Grübeln schleicht sich über Jahre hinweg ein. Zumindest ist das in den meisten Fällen so. Die Übungen helfen daher sehr wohl – jedoch benötigen sie ein wenig Zeit. Diese Zeit solltest Du Dir nehmen und daher nicht schon nach einer oder zwei Wochen entnervt aufgeben. Das ist sehr wichtig, damit Du wirklich erfolgreich eine Änderung herbeiführen kannst.

An dieser Stelle noch eine kleine abschließende Einführung in die Kraft der Gedanken. Denn Gedanken sind elektrische Impulse, die auch chemische sowie elektrische Veränderungen im Gehirn auslösen. Hinter Gedanken stecken damit tatsächlich Kräfte und diese wirken sich auch direkt auf die Gefühle aus. Außerdem neigt unser Gehirn dazu, eher auf negative und sorgenvolle Dinge als auf positive Aspekte zu reagieren. Nicht zuletzt verfestigen die negativen Gedanken sich immer stärker und führen auch dazu, dass man selbst diese Dinge wirklich glaubt.

Dieser Zusammenhang wurde auch in Form von einer stärkeren Hirnaktivität beim Grübeln von Betroffenen erkannt. Denn in Studien wie in der Untersuchung von dem Max-Planck-Institut*2 aus Berlin wurde herausgefunden, dass die Betroffenen innerlich sprechen, wenn sie grübeln. Das bedeutet, dass die Gedanken als wahr und als Tatsache wahrgenommen werden und auch gut messbar sind.

Nur weil das Gehirn eine Botschaft sendet, muss diese Botschaft nicht automatisch stimmen. Allerdings wird häufig angenommen, dass diese Botschaften immer wahr sind. Das ist nicht der Fall – bei ständigen negativen Gedanken verfestigen sich diese im Gehirn und der Kopf wird quasi umprogrammiert. Allerdings nicht auf eine gute oder erstrebenswerte Weise. Die gute Nachricht ist, dass die über Jahre antrainierten, negativen Veränderungen auch wieder umkehrbar sind. Du kannst Dein Gehirn wieder anders programmieren und schaffst es auch, die positiven Gedanken zu verfestigen.

Der wichtigste Punkt für den Erfolg ist an dieser Stelle ganz klar die Geduld. Denn wenn Du über mehrere Wochen hinweg meditierst oder andere Übungen umsetzt, wirst Du Erfolge deutlich bemerken. Du solltest nur nicht nach wenigen Tagen aufgeben, da es wichtig ist, dass Du Dir und auch Deinem Gehirn diese Zeit für eine Veränderung gibst.

Fazit

Kreisende, negative Gedanken mit dem Fokus auf dem Problem sind daher immer als sehr bedenklich anzusehen. Einfach aus dem Grund, weil Grübeln auch mit zu den ersten Symptomen einer Depression gezählt wird. Die schädlichen Auswirkungen vom Grübeln sind ganz sicher nicht ohne und werden viel zu oft noch unterschätzt.

Psychische Störungen beginnen sich zu entwickeln und nicht selten schrecken die grübelnden Menschen andere Menschen in großem Maße ab. Denn negativ zu denken und sich ständig Sorgen oder Gedanken zu machen, stößt andere Menschen ab. Das reicht vom Freundeskreis über Beziehungen bis hin zur Familie. Von den körperlichen Auswirkungen des Grübelns einmal ganz zu schweigen. Es ist daher sehr wichtig, die negativen Gedankenspiralen zu durchbrechen und sich darauf zu konzentrieren, bewusster und glücklicher zu leben.

Ein guter Weg gegen das Grübeln und gegen die kreisenden Gedanken ist daher Achtsamkeit.

Übungen zur Achtsamkeit findest Du daher in diesem Buch als Hilfsmittel gegen das Grübeln. Es erfordert sicherlich ein wenig Geduld und viel Hingabe, damit Du die negativen Gedanken ganz stoppen kannst. Vor allem Meditation gilt mittlerweile als eine Art Wunderwaffe für die innere Ruhe. Genau diese innere Ruhe ist ein idealer Schutz gegen das Grübeln. Mehr Achtsamkeit schützt Dich auch vor psychischen Krankheiten und kann möglicherweise vorhandene Krankheiten erheblich verbessern.

Wichtig ist an dieser Stelle, mit den entsprechenden Übungen zu beginnen. Diese sind übrigens bei jeder Form des Grübelns sinnvoll und helfen Dir auch dann weiter, wenn Deine Symptome noch gar nicht so stark ausgeprägt sind. Entscheidend ist am Ende vor allem, dass Du das Grübeln ernst nimmst und so schnell wie möglich etwas dagegen unternimmst. Dann kannst Du Dich schon bald über mehr Energie, Lebensfreude und ganz sicher auch über einen besseren Schlaf freuen.

Quellen

*1:

https://www.psychologie-aktuell.info/reha/2010/03/grubeln-und-sich-sorgen-neuere-forschungsergebnisse-und-psychotherapieansatze/

*2:

https://www.mpib-berlin.mpg.de/de/presse/2012/05/ich-denke-also-spreche-ich

Haftungsausschluss

Die Umsetzung aller enthaltenen Informationen, Anleitungen und Strategien dieses Buchs erfolgt auf eigenes Risiko. Für etwaige Schäden jeglicher Art kann der Autor aus keinem Rechtsgrund eine Haftung übernehmen. Für Schäden materieller oder ideeller Art, die durch die Nutzung oder Nichtnutzung der Informationen bzw. durch die Nutzung fehlerhafter und/oder unvollständiger Informationen verursacht wurden, sind Haftungsansprüche gegen den Autor grundsätzlich ausgeschlossen. Ausgeschlossen sind daher auch jegliche Rechts- und Schadensersatzansprüche. Dieses Werk wurde mit größter Sorgfalt nach bestem Wissen und Gewissen erarbeitet und niedergeschrieben. Für die Aktualität, Vollständigkeit und Qualität der Informationen übernimmt der Autor jedoch keinerlei Gewähr. Auch können Druckfehler und Falschinformationen nicht vollständig ausgeschlossen werden. Für fehlerhafte Angaben vom Autor kann keine juristische Verantwortung sowie Haftung in irgendeiner Form übernommen werden

Urheberrecht

Impressum:

2019

1. Auflage

Kontakt: Sven Krause/ Salzdahlumer Str. 134 / 38302 Wolfenbüttel

14174911R00050

Printed in Germany
by Amazon Distribution
GmbH, Leipzig